BEI GRIN MACHT SICH IHR WISSEN BEZAHLT

- Wir veröffentlichen Ihre Hausarbeit, Bachelor- und Masterarbeit

- Ihr eigenes eBook und Buch - weltweit in allen wichtigen Shops

- Verdienen Sie an jedem Verkauf

Jetzt bei www.GRIN.com hochladen und kostenlos publizieren

Bibliografische Information der Deutschen Nationalbibliothek:

Die Deutsche Bibliothek verzeichnet diese Publikation in der Deutschen Nationalbibliografie; detaillierte bibliografische Daten sind im Internet über http://dnb.d-nb.de/ abrufbar.

Dieses Werk sowie alle darin enthaltenen einzelnen Beiträge und Abbildungen sind urheberrechtlich geschützt. Jede Verwertung, die nicht ausdrücklich vom Urheberrechtsschutz zugelassen ist, bedarf der vorherigen Zustimmung des Verlages. Das gilt insbesondere für Vervielfältigungen, Bearbeitungen, Übersetzungen, Mikroverfilmungen, Auswertungen durch Datenbanken und für die Einspeicherung und Verarbeitung in elektronische Systeme. Alle Rechte, auch die des auszugsweisen Nachdrucks, der fotomechanischen Wiedergabe (einschließlich Mikrokopie) sowie der Auswertung durch Datenbanken oder ähnliche Einrichtungen, vorbehalten.

Impressum:

Copyright © 2015 GRIN Verlag, Open Publishing GmbH
Druck und Bindung: Books on Demand GmbH, Norderstedt Germany
ISBN: 9783668524712

Dieses Buch bei GRIN:

http://www.grin.com/de/e-book/375929/stand-der-suche-nach-der-arche-noah

David Rümmler

Stand der Suche nach der Arche Noah

GRIN Verlag

GRIN - Your knowledge has value

Der GRIN Verlag publiziert seit 1998 wissenschaftliche Arbeiten von Studenten, Hochschullehrern und anderen Akademikern als eBook und gedrucktes Buch. Die Verlagswebsite www.grin.com ist die ideale Plattform zur Veröffentlichung von Hausarbeiten, Abschlussarbeiten, wissenschaftlichen Aufsätzen, Dissertationen und Fachbüchern.

Besuchen Sie uns im Internet:

http://www.grin.com/

http://www.facebook.com/grincom

http://www.twitter.com/grin_com

Referat

Suche nach der Arche Noah

Inhaltsverzeichnis

Inhaltsverzeichnis 2
1. Einführung in das Thema 3
2. Ausarbeitung des Themas 3
   2.1 Fakten zur Arche 3
      2.1.1 Wortbedeutung 4
      2.1.2 Material 4
      2.1.3 Form und Maße 4
      2.1.4 Fläche und Raum 5
   2.2 Stand der Suche nach der Arche 5
      2.2.1 Die Suche der Arche auf dem Ararat 5
      2.2.2 Die Suche der Arche auf dem Cudi 8
      2.2.3 Die Suche der Arche bei Doğubeyazit 9
3. Zusammenfassung 10
4. Quellenverzeichnis 12
   4.1 Literaturverzeichnis 12
   4.2. Internet 12

1. Einführung in das Thema

Die Ausarbeitung beschäftigt sich im ersten Teil mit der Arche Noah im Allgemeinen. Dabei wird vor allem ihr Aufbau untersucht. Im zweiten Teil, der auch den Schwerpunkt der Ausarbeitung bildet, soll es speziell um den Stand der Suche nach der Arche Noah gehen. Dabei werden verschiedene Theorien verfolgt und bewertet. Andere Fragen, die sich im Laufe der Auseinandersetzungen ergeben, können nur angerissen oder gar nicht behandelt werden. Solche Fragen sind z.b. ob ein solches Bauwerk mit den technischen Mitteln der damaligen Zeit möglich gewesen wäre? Wie die Ausbreitung der Tiere nach der Sintflut verlief? Oder ob andere Quellen oder geologische Hinweise auf die Sintflut hindeuten.

Das Thema hat eine große **Relevanz**, denn die Geschichte der Arche Noah ist eine der bekanntesten und gleichzeitig angefochtensten der Bibel. Dies ist erkennbar an den unzähligen Filmen, Büchern, Spielzeugen, etc. die diesem Thema gewidmet wurden. In den Niederlanden gibt es sogar einen originalgetreuen Nachbau der biblischen Arche.[1] Wenn die Geschichte, wie sie in der Bibel beschrieben ist, wahr ist, dann ist erstaunlich, wie Gott einen Bauplan für ein Schiff vorgab, dass auf dem größten Gewässer das es je gab, mit der wertvollsten Fracht aller Zeiten unterwegs war. Weiterhin wurde es von einem Laien gebaut und ist doch zum bekanntesten Schiff aller Zeiten geworden.[2] Es ist aber nicht nur eine Geschichte der Superlative, mit dem Fund der Arche Noah würde auch die Glaubwürdigkeit der Bibel nachgewiesen. In diesem Zusammenhang müssten auch der biblische Schöpfungsbericht und das Alter der „Schöpfung" neu überdacht werden.

2. Ausarbeitung des Themas

2.1 Fakten zur Arche

Nachdem Gott beschlossen hatte die Sintflut zu schicken gab er Noah, der Gnade vor Gott gefunden hatte, in nur 3 Versen (Gen 6,14-16)[3] die Bauanleitung für die Arche:

14 - Mache dir einen Kasten von Tannenholz und mache Kammern darin und verpiche ihn mit Pech innen und außen.

15 - Und mache ihn so: Dreihundert Ellen sei die Länge, fünfzig Ellen die Breite und dreißig Ellen die Höhe.

---

[1] R. Graber, Arche Noah: Neue Spekulationen, Factum, 26. Jg., 03/2006, 36-37. 37.
[2] Prof. Dr. Ing. W. Gitt, Das sonderbarste Schiff der Weltgeschichte, Fundamentum, Zeitschrift der Staatsunabhängigen Theologischen Hochschule Basel, 21. Jg., 03/2000, 36-81. 37.
[3] Alle Bibelzitate sind entnommen aus: Die Bibel, Nach der Übersetzung Martin Luthers, Bibeltext in der revidierten Fassung von 1984, Verfügbar über: http://www.bibleserver.com. Datum des Zugriffs: 20.04.16.

16 - Ein Fenster sollst du daran machen obenan, eine Elle groß. Die Tür sollst du mitten in seine Seite setzen. Und er soll drei Stockwerke haben, eines unten, das zweite in der Mitte, das dritte oben.

Diese Verse dienen als Grundlage aller folgenden Angaben.

2.1.1 Wortbedeutung

Die Bezeichnung Arche ist vom lateinischen *arca* abgeleitet, was so viel bedeutet wie Kasten. Im hebräischen steht hier das Wort *tebah*, dies wird auch für das Rohrkästchen verwendet, indem Mose ausgesetzt wurde (Ex 2,3.5). [4]

2.1.2 Material

Im hebräischen steht im Vers 14 als Bezeichnung der Holzsorte *gopher*. Dies ist eine Holzsorte, die heute nicht mehr bekannt ist[5]. Luther übersetzte deswegen hier Tannenholz. Es wird aber vermutet, dass es sich um eine Zypressenart handelte, denn dieses Holz ist besonders wasserbeständig und wurde auch von den Phöniziern und später von Alexander dem Großen für den Schiffsbau verwendet. Eine andere Erklärung sieht in dem hebräischen *gopher* einen Vergleich zum aramäischen Stammwort, was so viel wie laminiertes Holz bedeuten würde. Diese Art Sperrholz würde Gewichtseinsparung und hohe Festigkeit gewährleisten.[6] Das Material wurde jedenfalls mit Pech wasserdicht gemacht.

2.1.3 Form und Maße

Wenn man davon ausgeht, dass eine Elle ca. 45 cm entspricht,[7] ergeben sich für die Arche nach Gen 6,15 folgende Maße. Sie ist 135m lang, 22,5m breit und 13,5m hoch. Interessant ist, dass das Verhältnis zwischen Länge und Breite (6 zu 1) auch heute noch im Schiffsbau als optimales Verhältnis betrachtet wird. Die Arche ist im Vergleich zwar nur halb so lang wie die Titanic, hätte aber durch ihre Maße und Form eine sehr ähnliche Wasserverdrängung gehabt.[8] Interessant ist auch, dass bis zum Jahr 1932 nur 1% aller gebauten Schiffe größer als die Arche waren[9]. Weiter geht aus dem Bibeltext hervor, dass im inneren 2 Zwischenböden eingezogen wurden, sodass 3 Etagen mit einzelnen Kammern entstehen. Diese Zwischenböden dienen gleichzeitig zur Stabilisierung des Rumpfes. Außerdem hat das Schiff an der Seite im Rumpf eine Tür und oben ein Fenster. Für dieses Fenster sehen andere

---

[4] Vgl. F. Rienecker, G. Maier (Hg.), Arche, in: Lexikon zur Bibel, Witten 2013, 89.
[5] Vgl. Gopherholz, in: Bibelkommentare.de, Verfügbar über: https://www.bibelkommentare.de/index.php?page= dict&article_id=220&jumped_id=, Datum des Zugriffs: 20.04.16.
[6] Vgl. Arche Noah in: Wikipedia.org, Die freie Enzyklopädie, Verfügbar über: https://de.wikipedia.org/wiki/ Arche_Noah, Datum des Zugriffs: 20.04.16.
[7] F. Rienecker, Maße und Gewichte, in: a.a.O., 781-783, 781.
[8] Vgl. Arche Noah in: Wikipedia.org, a.a.O.
[9] Vgl. Prof. Dr. Ing. W. Gitt, a.a.O., 41.

Wissenschaftler die Übersetzung Dach oder Lichtöffnung als geeigneter an.[10] Werner Gitt geht davon aus, dass es sich entgegen der meisten Darstellungen der Arche, tatsächlich um eine Kastenform gehandelt hat. Denn dies ist die einfachste Bauweise und aufgrund der Anforderungen, dass das Schiff nicht steuerbar oder stromlinienförmig (d.h. schnell und effizient) sein muss, auch völlig ausreichend.[11] Weiter weißt er in vielen Berechnungen aus der Sicht eines Schiffkonstrukteurs nach, dass die Arche eine optimale Wasserverdrängung gehabt hätte und im Gegensatz zu dem im Gilgamesch-Epos beschriebenen Schiff definitiv schwimmen konnte. Wenn die Sintflut-Geschichte, wie es die kritische Theologie behauptet, ein erst im 6. Jahrhundert vor Christus aufgeschriebener Mythos ist, bleibt dennoch die Frage bestehen, wie der Schreiber Maße angeben konnte, die nach heutigen digitalen Berechnungen als optimal gelten.[12]

2.1.4 Fläche und Raum

Durch die Maßangaben lässt sich der Bruttoraumgehalt auf fast 40.000 Kubikmeter berechnen. Durch die Aufteilung in 3 Decks entsteht so eine Bodenfläche von ca. 8900 m².[13] Vergleichbar ist dieses Fassungsvermögen mit 522 Viehwaggons, die jeweils für 240 Schafe Platz bieten. Die Arche hätte also Platz für über 125.000 Schafe gehabt. Da das „Durchschnittstier" sogar kleiner als ein Schaf ist und mit nur 16.000 Tieren auf der Arche gerechnet wird, bleibt also genügend Platz für Insekten, die Menschen, Futter und Auslauf der Tiere.[14]

2.2 Stand der Suche nach der Arche

2.2.1 Die Suche der Arche auf dem Ararat

Die Suche nach der Arche wird durch den biblischen Bericht aus Gen 8,4 geleitet. Dort heißt es: *„Am siebzehnten Tag des siebenten Monats ließ sich die Arche nieder auf das Gebirge Ararat."* Das Ararat Gebirge erhebt sich 5165 Meter hoch über die Grenzen der Länder Russland, Iran und die Türkei. Durch die Geschichte hindurch gibt es immer wieder Berichte über den Fund der Arche.[15]

Der älteste Bericht stammt wohl von Flavius Josephus, einem Historiker des 1. Jahrhunderts der sich auf den babylonischen Priester Berossos (**475 v. Chr.**) beruft, der bezeugt, dass

---

[10] Vgl. F. Rienecker, Arche, in: a.a.O., 89.
[11] Vgl. Prof. Dr. Ing. W. Gitt, a.a.O., 50.
[12] Vgl. ebd., 79
[13] Vgl. Arche Noah in: Wikipedia.org, a.a.O.
[14] Vgl. D. Batten (Hg.), Fragen an den Anfang, Die Logik der Schöpfung, Bielefeld 2004,187-189.
[15] Vgl. Glahouwer W.J.J., So entstand die Welt, Bielefeld 1993,150-151.

Überreste der Arche auf dem Berg der Kurden zu finden sind. Auch die Kirchenväter berichten ähnliches.[16]

Bis ins 19. Jahrhundert gibt es kaum Berichte über die Suche nach der Arche. Dies liegt wahrscheinlich an der Überlieferung eines Mönches, der im **6. Jahrhundert** nach Christus gelebt haben soll. Dieser wollte auf den Berg Ararat steigen um die Arche zu suchen. Ihm wurde dies allerdings von Gott verboten um das Schiff zu erhalten. So kehrte er um und bekam als Dank für seinen Gehorsam von Gott ein Stück Holz der Arche geschenkt. Dieses liegt bis heute in der Kathedrale des Klosters Etschmiadsin. Dieses Verbot wurde hinfort tradiert und so blieben weitere Expeditionen zum Ararat vorerst aus.[17]

Eine Ausnahme bildet der Bericht von Jan Struys, der **1670** einen Eremiten auf dem Ararat besuchte, der ihm ein Holzkreuz schenkte und versicherte, dass es aus dem Holz der Arche stamme. Ein Kloster in dem das Holz der Arche aufbewahrt wurde, fiel allerdings 1840 einem Erdbeben zum Opfer.

Im 19. Jahrhundert nahm die Suche nach der Arche wieder zu. So brachen im Jahre **1856** britische Gelehrte auf und fanden die Arche. Sie legten allerdings einen Eid ab, dass sie davon nicht sprechen würden. Einer der Gelehrten und ein Führer dieser Expedition brachen allerdings unabhängig voneinander auf dem Sterbebett ihr Schweigen.[18] **1876** fand dann ein Lord Bryce bei einer Exkursion im Ararat Gebirge auf 4500m Höhe ein Stück Holz, dass er als Balkenwerk der Arche identifizierte.[19]

Auch ein Armenischer Junge (George Ucell genannt) bestieg mehrmals den Ararat und sah in den Jahren **1902** und **1904,** in denen es warme Sommer gab, Teile der Arche aus dem Eis ragen.[20]

Während des ersten Weltkrieges sah der russische Flieger W. Roskowitsky **1916** beim Überfliegen des Gebirges die Trümmer eines alten Schiffes. Daraufhin wurde vom Zaren eine Expedition ausgesandt, welche die Spuren fand und in einem Bericht eine Übereinstimmung mit der in der Bibel beschriebenen Arche festhielt. Leider ging dieser Bericht während der russischen Revolution 1917 verloren.[21]

Der Franzose Navarra besuchte den Berg in den Jahren **1952,1953** und **1954** und fand in einem Loch im Eisfeld ein großes Stück von fast schwarzem Holz. Dies ist in einem

---

[16] Vgl. ebd., 151.
[17] Vgl. André Parrot, Bibel und Archäologie I, Sintflut und Arche Noahs, Der Turm von Babel, Ninive und das Alte Testament, Zollikon-Zürich 1955, 50-51.
[18] Vgl. Glahouwer W.J.J., a.a.O., 151.
[19] Vgl. André Parrot, a.a.O., 51.
[20] Vgl. Glahouwer W.J.J., a.a.O., 151.
[21] Vgl. André Parrot, a.a.O., 51.

baumlosen Gebiet schon ein bemerkenswerter Fund.[22] Später stellte sich allerdings heraus, dass Navarra den Fund des Balkens inszeniert hatte.[23]

In der jüngsten Vergangenheit ist die Suche nach der Arche auf dem Ararat erneut erschwert wurden. Diesmal lag der Grund aber nicht an der Offenbarung eines Mönches, sondern an der politischen Situation. Denn es werden fast keine Genehmigungen für den Aufstieg auf den Ararat erteilt. Da der Aufstieg sehr schwierig ist und es sich um militärisches Sperrgebiet handelt, ist auch heimliches Forschen nach der Arche kaum möglich.[24] So ist die Suche nach der Arche nahezu komplett auf Satellitenbildern oder andere Luftaufnahmen beschränkt. 1993 gab der amerikanische Geheimdienst eine Akte mit dem Namen „Ararat-Anomalie" heraus, darin befanden sich Bilder einer seltsamen Formation an der Nordwestspitze des Ararat. Diese wurden zuerst **1949** von amerikanischen Militärfliegern fotografiert.[25] Weiter gab es Bilder vom Satelliten ERST, der die Erde auf versteckte Bodenschätze untersuchen sollte. Dieser schoss **1972** detaillierte Aufnahmen von dem Gebiet. Auf einem der Fotos wurde genau an der Stelle die schon von früheren Forschern angegeben wurde, ein rechteckiger Gegenstand entdeckt, der nicht auf diesen Berg gehört.[26] Der Wissenschaftler Porscher Taylor sammelte Satellitenbilder vom Ararat, die über 50 Jahre lang aufgenommen wurden. Sein Interesse wurde dadurch geweckt, dass vom CIA Bilder vorerst unter Verschluss gehalten wurden. So mietete er sich selbst einen Satelliten und nahm Bilder vom Ararat auf. Das Objekt, das auf vielen der Bilder zu erkennen ist, stimmt ungefähr mit den Maßen der Arche überein. Dennoch gibt es unter Wissenschaftler keine einheitliche Meinung um was es sich bei diesem Objekt handelt. Einige behaupten es sei eine Felsformation. Dies ist allerdings von daher unwahrscheinlich, da es 4 nahezu perfekte 90° Ecken besitzt. Andere Wissenschaftler gehen von einer geheimen Militärbasis aus, die aus der Zeit des kalten Krieges existiert. Türkische Medien schrieben über den Fund, dass es sich um eine geheime Basis des US-Militärs handelt, welche die Sowjetunion ausspionieren sollte. Einige halten den Fund aber auch für die in der Bibel beschriebene Arche. Dies wäre vor allem durch die Konservierung mittels nachgewiesener Lavaströme vom Ararat und dem Witterungsschutz durch das Eis möglich.[27]

Der wohl aktuellste Bericht stammt aus dem Jahr **2010**. Darin gab ein Team aus chinesischen und türkischen Wissenschaftlern bekannt, die Arche 2009 gefunden zu haben. Sie bewiesen ihren Fund auf dem Ararat sogar mit Videos und Bildern aus dem Inneren der Arche.

---

[22] Vgl. Glahouwer W.J.J., a.a.O., 152.
[23] Vgl. Arche Noah in: Wikipedia.org, a.a.O.
[24] Vgl. Glahouwer W.J.J., a.a.O., 152.
[25] Vgl. R. Höneisen, CIA und Arche Noah, Factum, 21. Jg., 05/2001,28-29. 28.
[26] Vgl. Glahouwer W.J.J., a.a.O., 152.
[27] Vgl. R. Höneisen, a.a.O., 29.

Außerdem brachten sie von ihrer Expedition ein Stück Holz mit, welches durch die Radiokohlenstoffdatierung auf ca. 4800 Jahre altes Zypressenholz bestimmt werden konnte. Doch an diesem Bericht gab es sofort Zweifel aus allen Richtungen. So waren auf dem Video im Inneren der Arche z.b. Spinnennetze zu sehen. Doch Spinnen leben nicht auf 4000 Metern Höhe. Weiterhin ist es unwahrscheinlich, dass das Innere der Arche unter Tonnen von Eis so gut erhalten geblieben ist, das man sich jetzt darin aufhalten kann. Der Hauptgrund allerdings ist, dass das gefundene Holz zu jung ist. Die Datierung von 2800 v. Chr. passt nicht zum biblischen Sintflut-Bericht. So geht also die Mehrheit der Wissenschaftler davon aus, dass es sich bei der Expedition um eine Inszenierung handelt.[28] Der Archäologe Randall Price hat daraufhin kurdische Arbeiter befragt, die gegen eine gute Bezahlung Holz auf den Ararat brachten um die Arche nachzubauen. Sie hielten es für die Kulissen einer Filmaufnahme und waren verblüfft, dass ihr Werk als Fund der „richtigen" Arche ausgegeben wurde.[29]

Stellungnahme:

Dass über mehr als 2000 Jahren Berichte von Funden der Arche auf dem Ararat existieren scheint für diesen Landeplatz zu sprechen. Eigenartigerweise gibt es nur Überlieferungen zur Entdeckung der Arche, alle Funde oder Aufzeichnung verschwanden oder erwiesen sich als Inszenierungen. Das einzige Fundstück was nicht verschwunden ist, wurde allerdings als zu jung befunden um wirklich Bestandteil der Arche zu sein. Es bleibt also auch hier kein wissenschaftlicher Beweis übrig, der einen Verbleib der Arche auf dem Ararat nachweist. Was allerdings bleibt, ist zum einen die Anomalie, die genau die Ausmaße der Arche besitzt und zum anderen die Berichte von mehreren Menschen aus allen Jahrhunderten, die Teile der Arche auf dem Ararat gesehen haben.

2.2.2 Die Suche der Arche auf dem Cudi

Mehrere Arche Forscher gehen davon aus, dass es sich bei dem Landeplatz der Arche um den 2000 Meter hohen Berg Cudi handelt. Er liegt im Südosten der Türkei nahe der Grenze zu Syrien und dem Irak und ist 300 km vom Ararat entfernt. Dies steht auch nicht im Wiederspruch zum biblischen Befund. Denn in Gen 8,4 ist die Rede vom Gebirge Ararat, zu dem auch der Berg Cudi gehört. Für diesen Landeplatz spricht vor allem, dass um den Berg herum viele Hinweise auf die Arche hindeuten. So sind viele Plätze dieser Region nach Noah benannt und ein Schiff ziert sogar das Wappen dieser Region. Weiterhin wurden auf dem Berg die Ruinen von Klosteranlagen und Moscheen entdeckt, die um die Überreste der Arche

---

[28] S. Caesar, Noahs Arche gefunden?, Factum, 30. Jg., 04/2010, 39.
[29] Vgl. Arche Noah in: Wikipedia.org, a.a.O.

herum gebaut wurden[30]. Auch der Koran gibt in Sure 11 den „Cudi Dağı" als Landeplatz der Arche an. So gehen auch Islamforscher davon aus, dass die Ruinen von Moscheen und der Hinweis im Koran, den Cudi als Landeplatz beschreiben[31]. Auch an diesem vermeintlichen Landeplatz ist die politische Situation ein großes Problem. Da der Berg als Rückzugsort für PKK-Kämpfer gilt, sind auch hier Ausgrabungen oder Bohrungen unmöglich. So bleibt auch diese Annahme nur Spekulation, da es außer den Ruinen keine Funde gibt. Da der Berg nur 2000 Meter hoch ist, kann man sowieso nicht von einer Konservierung des Holzes durch Eis rechnen. Ein Fund von Holzüberresten gilt daher als sehr unwahrscheinlich.[32]

Stellungnahme:

In der Suche nach der Arche auf dem Cudi liegt kein Wiederspruch zum biblischen Bericht. Der Hinweis aus dem Koran und die Ruinen von Klöstern und Moscheen geben einen Hinweis darauf, dass auf diesem Berg ein religiös relevanter Ort auch noch im 7. Jahrhundert nach Christus war. Denn vorher konnte durch die späte Entstehung des Islams keine Moschee errichtet werden. Doch außer den Ruinen, die auch Zeuge für eine andere spirituelle Bedeutung sein könnten, gibt es auch zu dieser Theorie keine Beweise.

2.2.3 Die Suche der Arche bei Doğubeyazit

1959 entdeckte der türkische Luftwaffen-Kapitän İlhan Durupınar auf einer Luftaufnahme eine auffällige geologische Formation in der Nähe der Stadt Doğubeyazit in der Ost-Türkei, die Ähnlichkeit mit einem Schiffsrumpf hat. Sie befindet sich 27 Kilometer südlich des Ararat. Vor allem bei dem Archäologen Ron Wyatt sorgten diese Aufnahmen für großes Interesse. Zwar war diese Formation stromlinienförmig und nicht wie in der Bibel beschrieben kastenförmig und auch doppelt so lang wie die biblische Arche. Doch diese Abweichung erklärte er durch den Unterschied der hebräischen und ägyptischen Elle. In seiner Forschung unternahm er daraufhin Versuche mit Schiffnachbildungen und stellte fest, dass ein Schiff mit einer so großen Wasserverdrängung wie die Arche, niemals hätte auf der Spitze des Ararats landen können. Die herabströmenden Wassermassen hätten das Schiff mit in das nächste Tal gezogen. Darum sieht er dieses Tal in der Nähe der Stadt Doğubeyazit als sehr wahrscheinlichen Landeplatz an. Dafür spricht auch, dass Josephus im 1. Jahrhundert beschrieb, dass die Arche Noah eine Art Touristenattraktion der antiken Welt war. Er berichtete weiter, dass die Armenier diesen Ort: „Den Platz der Abstammung" nannten. Wäre die Arche auf der Spitze des Ararat oder des Cudi gelandet, hätten niemals so viele Menschen

---

[30] Vgl. Anna Lutz, Die Arche ist kein Märchen, in: pro christliches Medienmagazin, Verfügbar über: http://www.pro-medienmagazin.de/gesellschaft/weltweit/detailansicht/aktuell/die-arche-ist-kein-maerchen-87709/, Datum des Zugriffs: 27.04.2016
[31] Vgl. Arche Noah in: Wikipedia.org, a.a.O.
[32] Vgl. Anna Lutz, a.a.O.

zu ihr pilgern können[33]. An diesem Landeplatz waren Forschungen möglich. Doch hierbei wurde kein versteinertes Holz gefunden. Der einzige Fund waren rostige Eisenteile, die für Nieten und Bolzen gehalten wurden die Noah geschmiedet hatte. Doch diese erwiesen sich als oxidierte, titanhaltige Magnetite, eine Gesteinsform die in der Osttürkei häufig vorkommt[34].

Stellungnahme:

Da Form und Größe der Felsformation nicht mit der in der Bibel beschriebenen Arche übereinstimmt und trotz archäologischer Forschung keine relevante Funde gemacht wurden, ist diese Theorie für den Landeplatz der Arche als sehr unwahrscheinlich einzustufen.

3. Zusammenfassung

Wie in den Stellungnahmen schon beschrieben gibt es zu keinem der 3 möglichen Landeplätze wissenschaftlich anerkannte Nachweise. Die Möglichkeit des Landeplatzes bei Doğubeyazit ist dabei wohl am unwahrscheinlichsten. Sowohl für den Berg Cudi, als auch für den Berg Ararat sprechen viele Fakten. Dabei ist nur auf dem Berg Ararat überhaupt mit einem Fund zu rechnen. Denn selbst wenn die Arche tatsächlich auf dem Berg Cudi gelandet wäre, ist es unwahrscheinlich, dass irgendetwas von ihr übrig geblieben ist, da die Konservierung durch das Eis fehlt. Ob auf beiden Bergen weiterhin Expeditionen zugelassen werden, hängt stark von der politischen Lage ab. Wenn der Aufstieg mit technischer Ausrüstung erlaubt würde, könnte man mit ziemlicher Sicherheit wissenschaftlich bestimmen ob auf dem Berg Cudi Rückstände eines Schiffes, z.B. in Form von versteinertem Holz, vorhanden sind oder um was es sich bei der Ararat Anomalie handelt. Die Spekulationen werden jedenfalls weitergehen und damit auch die Mythen, inszenierten Geschichten aber eines Tages vielleicht auch ein echter Fund.

Es kann jedenfalls festgehalten werden, dass die biblische Beschreibung zum Bau der Arche durchaus glaubwürdig ist. Viele Wissenschaftler sind sich darin einig, dass ein Schiff nach diesem Bauplan geschwommen wäre und Fassungsvermögen für alle Tierarten der Welt gehabt hätte. Doch dass diese Geschichte wirklich stattgefunden hat, bleibt eine Glaubenssache. Irgendwie passt es auch zu vielen anderen Punkten im Glauben. Es deutet vieles im Leben auf Gott hin, aber Beweisen lässt er sich am Ende doch nicht. Darum sagt auch Jesus: „Selig sind, die nicht sehen und doch glauben!" (Joh 20,29). Es kann sich bei der Sintflut und der Arche also durchaus um historische Begebenheiten handeln, auch ohne das jemals etwas gefunden wird. Vielleicht weil es durch die Jahre zerstört ist. Vielleicht aber auch weil Gott nicht will, dass es einen Gegenstand gibt an dem man seinen Glauben fest

---

[33] Vgl. W. Heaven, Das könnte Arche Noah sein, Beweise und Forschungen, in: jesus-newes24, Verfügbar über: http://jesus-news24.de/das-konnte-arche-noah-sein-beweise-und-forschungen/, Datum des Zugriffs: 27.04.2016

[34] Vgl. Arche Noah in: Wikipedia.org, a.a.O.

machen kann. Und vielleicht sind alle Erdbeben und andere Umstände, die Beweise für den Fund der Arche haben verschwinden lassen, auch kein Zufall, sondern Gottes Führung um die Beweisbarkeit zu verhindern. Aber auch das ist eine Spekulation.

4. Quellenverzeichnis

4.1 Literaturverzeichnis

Batten, D (Hg.), K. Ham, J. Sarfati: Fragen an den Anfang. Die Logik der Schöpfung. Bielefeld: CLV Christliche Literatur-Verbreitung e.V., 2004.

Glashouwer, W.J.J.: So entstand die Welt. Bielefeld: CLV Christliche Literatur-Verbreitung e.V., 1993.

Parrot, A.: Bibel und Archäologie I. Sintflut und Arche Noahs, Der Turm von Babel, Ninive und das Alte Testament. Zollikon-Zürich: Evangelischer Verlag AG, 1955.

Rienecker, F. u. G. Maier (Hg.): Lexikon zur Bibel. Witten: SCM R. Brockhaus Verlag, 2013.

Schwengeler, B.: Factum. 21. Jg., 05/2001.

Schwengeler, B.: Factum. 26. Jg., 03/2006.

Schwengeler Verlag AG: Factum. 30. Jg., 04/2010.

Staatsunabhängigen Theologischen Hochschule Basel: Fundamentum. 21. Jg., 03/2000.

4.2. Internet

Bibelkommentare.de. Bibelkommentare.de, 2014-2016. Verfügbar über: https://www.bibelkommentare.de. Datum des Zugriffs: 20.04.16.

Die Bibel. Nach der Übersetzung Martin Luthers. Bibeltext in der revidierten Fassung von 1984. Bibleserver.com, 2016. Verfügbar über: http://www.bibleserver.com. Datum des Zugriffs: 20.04.2016

Jesus-news24. Verfügbar über: http://jesus-news24.de. Datum des Zugriffs: 27.04.2016

Pro. Christliches Medienmagazin. Verfügbar über: http://www.pro-medienmagazin.de. Datum des Zugriffs: 27.04.2016

Wikipedia. Die freie Enzyklopädie. Verfügbar über: https://de.wikipedia.org/. Datum des Zugriffs: 20.04.2016

BEI GRIN MACHT SICH IHR WISSEN BEZAHLT

- Wir veröffentlichen Ihre Hausarbeit, Bachelor- und Masterarbeit

- Ihr eigenes eBook und Buch - weltweit in allen wichtigen Shops

- Verdienen Sie an jedem Verkauf

Jetzt bei www.GRIN.com hochladen und kostenlos publizieren